Veröffentlichungen der
Potsdamer Juristischen Gesellschaft

Band 18

Jörg-Detlef Kühne

Die Weimarer Reichsverfassung im Spiegel zeitgenössischer Betrachtung

Zwischen Leistungsanerkennung und Akzeptanzverweigerung

Nomos

Onlineversion
Nomos eLibrary

Die Deutsche Nationalbibliothek verzeichnet diese Publikation in der Deutschen Nationalbibliografie; detaillierte bibliografische Daten sind im Internet über http://dnb.d-nb.de abrufbar.

ISBN 978-3-8487-6908-7 (Print)
ISBN 978-3-7489-2155-4 (ePDF)

1. Auflage 2020

Inhaltsverzeichnis

I. Annäherungen

An den Beginn sei eine frühe Prophetie Koch-Wesers[1] gestellt, einem der Führer der liberalen Deutschen Demokratischen Partei (DDP), die 1919 zusammen mit der SPD und dem Zentrum in der Weimarer Nationalversammlung die verfassungtragende Weimarer Koalition bildete: „Wir sind überzeugt, daß unser ... Volk, wenn es zur Ruhe gekommen sein wird, besser würdigen kann, ein wie großes und gewaltiges Werk diese Verfassung ist, als das zur Zeit unter der Parteileidenschaft und dem Widerstreit der Meinungen geschieht."

Am hiesigen Ort vor 100 Jahren gesprochen hätte dieses Wort gelinde gesagt keine volle Gegenliebe gefunden. Und zwar deshalb, weil der „Geist von Weimar"[2] als Verweis auf die hochkulturelle Zivilität der Goethe- und Schiller-Zeit damals bewusst dem 'Geist von Potsdam' als Ausdruck eines militärlastigen Monarchismus entgegengesetzt wurde. Doch brauchen wir für mangelnde Gegenliebe gar nicht so weit zurückzugreifen. Besteht doch eine bemerkenswerte Meinungsumfrage aus dem südwestdeutschen Raum von Ende 1948. Auf die wohl überwiegend wirtschaftlich verstandene Frage: „Wann ist es in diesem Jahrhundert nach Ihrem Gefühl Deutschland am besten gegangen?", verwiesen 45 % auf das Kaiserreich, nur 7 % auf die Weimarer Republik, jedoch auch 40 % auf die gerade vergangene NS-Zeit.[3] Nun lässt sich das magere Ergebnis für Weimar sicher nicht 1:1 auch auf seine Verfassung beziehen. Doch für ihre größere Wertschätzung lässt es sich auch nicht anführen.

Demgegenüber wird heutzutage die Weimarer Reichsverfassung (WRV) durchaus i. S. der hiesigen Eingangsprophetie weithin unbestritten positiv beurteilt. Erwähnt sei nur die Hundert-Jahr-Feier in Weimar, auf der der Bundespräsident im Einklang mit dem inzwischen erreichten

1 So *Ders.* zu Beginn der 2. Plenarlesung der Verfassung, in: Stenographische Berichte über die Verhandlungen des Reichstages des Deutschen Reichs (= VRT, Bd. u. S.) 327, S. 1221 (44. Sitz., 2.7.1919).

2 So bereits indirekt *Friedr. Ebert* (SPD) in seiner Eröffnungsrede der Nationalversammlung, in: VRT (Fn. 1) 326, S. 3 (1. Sitz., 6.2.1919) mit der zusätzl. Zielvorgabe, sich vom „Imperialismus zur geistigen Weltmacht" zu wandeln.

3 *Elisabeth Noelle/Erich Peter Neumann* (Hrsg.), Jahrbuch der öffentl. Meinung 1947–1955 (3. Aufl. 1956), S. 125.

Literaturstand von „guter Verfassung in schlechter Zeit“ sprach.[4] Damit resümierte er eine Wertung, die sich seit WRV-Inkrafttreten im In- und Ausland vielfältig nachweisen lässt. Man denke nur an die partielle Textübernahme zum Staatskirchenrecht in Art. 140 unseres Grundgesetzes. Soll heißen, Vorbildnahmen gibt es bis heute in etlichen Verfassungstexten rund um den Erdball, wobei auch das 1939 schon rückblickende Diktum eines britischen Verfassungsvergleichers angeführt sei: „One of the most interesting constitutional documents ever drawn up.“[5]

Im Kontrast dazu seien aufgrund einer unlängst erschienenen Lokalstudie zum hiesigen Ort einige Beispiele des monarchisch antirepublikanischen Geistes von Potsdam genannt. Über die ganze Zeit der Weimarer Republik stellt die verfassungsablehnende, erzkonservative und überdies zunehmend antisemitische Deutschnationale Volkspartei (DNVP) die Oberbürgermeister in Potsdam und seit 1924 auch die Mehrheit im Stadtrat. Darüber hinaus amtiert seit 1917 durchgehend bis 1933 ein Polizeipräsident der gleichen Partei. Er sucht das politische Leben in der seit der Novemberrevolution degradierten Residenzstadt zulasten verfassungstreuer Kräfte zu strangulieren, sodass Potsdam mehr und mehr zum bevorzugten Aufmarschgebiet für rechtsextreme Organisationen wurde.[6] Dass der polizeiliche Spitzenbeamte trotz verschiedener Anläufe der preußischen Staatsregierung, ihn zu entlassen, bis 1933 im Amt verbleibt,[7] hängt mit der zur Weimarer Zeit noch unsicheren Demokratisierung von Verwaltung und Rechtsprechung zusammen. Darauf wird noch näher einzugehen sein.

Zuvor ist indessen noch einschränkend anzumerken, dass das Bild der Potsdamer Lokalebene nicht ohne weiteres verallgemeinerungsfähig ist. Denn die hier dominierende DNVP hatte reichsweit 1919 nur einen Stimmenanteil von 10 %, der auch später niemals mehr als einmal auf

---

4 So Bundespräs. *Frank Walter Steinmeier* in seiner Weimarer Rede v. 6.2.2019 lt. Pressebericht des Präsidialamtes vom gl. Tag, S. 5; zur Literatur nur *Christoph Gusy*, 100 Jahre Weimarer Verfassung (2018), S. VIII.

5 *John A. Hawgood*, Modern Constitutions since 1787 (1939), S. 352.

6 Dazu *Matthias Grünzig*, Für Deutschtum und Vaterland. Die Potsdamer Garnisonkirche im 20. Jh. (2017), S. 105 ff.; zur ortsspezifischen DNVP ebd., S. 46 ff.

7 Polizeipräs. Henry v. Zitzewitz (1876–1945) bekleidete dieses Amt seit 1917 u. gehörte später der DNVP an; näher zu ihm *Grünzig* (Fn. 6), S. 32 ff. mit etlichen Beispielen seiner Begünstigung antirepublikanischer Kräfte.

20 % kam.[8] Ihre hiesige Dominanz wird sozial erklärbar durch den 1918 erfolgten Verlust des Residenzstadtcharakters, der zugleich die Degradation des bis dahin bestehenden Potsdamer Hofstaats bedeutete. Das waren die bisherigen Funktionseliten aus militärischem und zivilem Hofpersonal über Hoflieferanten bis hin zum Hofprediger.[9] Damit lassen sich Bevölkerungsgruppen mit monarchischen Bindungen ausmachen, die einer Einwurzelung der neuen republikanischen Reichsverfassung stärker widerstehen, eine Situation, die sich reichsweit allenfalls mit der anderer ehemaliger Residenzstädte vergleichen lässt.[10] Dass sich insoweit auch gewisse Wirkungsparallelen zur hiesigen ab 1989 abgewickelten Bezirkshauptstadt Potsdam ziehen ließen, sei nur angedeutet.

Die örtlich feststellbare soziale Degradation lässt sich erheblich verbreitern, wenn wir uns nun dezidiert der Gesamtstaatsebene zuwenden. So betrug die Friedensstärke des Heeres im Kaiserreich 1914 ca. eine Million Mann und ist durch Versailles auf ein Zehntel abzubauen.[11] Wie sehr die damit einhergehende persönliche Verunsicherung durch berufliche Entwurzelung einer besonnenen Republikerwartung einschließlich der neuen Verfassung zuwiderlief, dafür sei schlaglichtartig auf das verfassungspolitische Desperadotum der damaligen Freikorpsbildungen verwiesen und spezieller auf eine Parole des Stahlhelms, d. h. der Massenorganisation ehemaliger Frontsoldaten. Sie lautete 1926, also selbst in einer relativ ruhigen Zeit der Weimarer Republik ebenso heftig wie makaber: „Der Weg zu Deutschlands Freiheit geht nur über die Leiche der Weimarer Verfassung.“[12] Dies soll als Beispiel für eine Vielzahl ähnlicher Ablehnungen und Vorbehalte in weiten Kreisen bis in die Universitäten hinein genügen.[13]

---

8 Übersicht über die Weimarer Wahlergebnisse auf der Reichsebene bei *Ernst Rudolf Huber* (Hrsg.), Dokumente zur deutschen Verfassungsgeschichte, Bd. IV (3. Aufl. 1991), S. 668 f.

9 Dazu weiter *Grünzig* (Fn. 6), S. 30 f.

10 Eine entsprechende Aufarbeitung ist ein Desiderat.

11 Vgl. Art. 159 ff. Versailler Vertrag; die Zahl der 1914 in Heer u. Marine Aktiven betrug knapp 800.000, die hier durch die Zahl der aktiv dienenden Wehrpflichtigen aufgerundet ist.

12 Zit. nach *Grünzig* (Fn. 6), S. 54; s. a. *Volker Berghahn*, Der Stahlhelm. Bund der Frontsoldaten 1918–1935 (1966).

13 Grundlegend nach wie vor *Kurt Sontheimer*, Antidemokratisches Denken in der Weimarer Republik (2. Aufl. 1983), weiter *Jörg-Detlef Kühne*, Die Entstehung der Weimarer Reichsverfassung, Grundlagen u. anfängliche Geltung (2018), S. 100 ff., 116 ff. u. schon zeitgen. herausragend krit. der im Anhang wiedergegebene Beitrag von *Arthur Feiler*.

Dabei gehört das vorerwähnte Militär damals zusammen mit dem Großgrundbesitz und der Schwerindustrie zu den drei antirepublikanischen Gesellschaftsfaktoren, die zugleich massive Stützen auch sonstiger Weimarer Verfassungsgegner bilden.[14] Durch diese reaktionäre Trias, die nach 1945 faktisch entmachtet ist, hatte es Weimar jedenfalls insoweit – gegenüber den deutschen Teilverfassungen von 1949 – schwerer.

---

14 Näher dazu *Kühne* (Fn. 13), S. 4.

II. Zum Weimarer Verfassungsbewusstsein

1. *Hypotheken der Kaiserzeit*

In dieser Zeit etwa schon von Verfassungspatriotismus[15] sprechen zu wollen, wäre völlig anachronistisch. Verfassungsfragen spielen im Bewusstsein der dt. Öffentlichkeit vor Ausbruch der Novemberrevolution nämlich bestenfalls eine untergeordnete Rolle, was verhältnismäßig leicht zu belegen ist. Die Defizitlage zeigt sich indirekt in der von der Reformpädagogik nach 1900 zunehmend geforderten Einführung des Schulfachs Staatsbürgerkunde, was dann von der WRV an bis in heutige Landesverfassungen bleibend berücksichtigt werden sollte.[16] Und die damalige Defizitlage beleuchtet weiter sehr direkt und gerade hinsichtlich jüngerer Bevölkerungsschichten eine stichprobenhafte Abfrageaktion aus dem Frühjahr 1918, zu der es alsbald nach und wegen der russischen Oktoberrevolution im dt. Heer kommt. Bei 17 Berichten der mit der Befragung beauftragten Unterrichtsoffiziere sprechen 16 von „erstaunlicher Unwissenheit selbst in Kreisen, wo man es nicht erwarten konnte"; nur 5 % der Leute habe auf Verfassungsfragen eingehen können, wobei dies vornehmlich Sozialdemokraten gewesen seien.[17]

Zur Begründung dieser bemerkenswerten Defizitlage lässt sich kurz anführen, dass die Bismarcksche Reichsverfassung (BRV) für den Einzelnen unmittelbar eher belanglos war. Praktisch ohne Grundrechte bot sie weiter nach der damaligen Doktrin keinen materiellen Prüfungsmaßstab für Gesetzgebung und Verwaltung. Kam hinzu, dass sie hinsichtlich der Normierung selbst der Regierungsorganisation mehr und mehr unterkomplex bis an den Rand der Täuschung ging; denn ihr ließen sich die zunehmend ein-

---

15 Grundlegend dazu *Dolf Sternberger*, Verfassungspatriotismus (1970), wobei es sich um ein staatsbürgerliches Konzept als Alternative zu einem ethnisch begründeten Patriotismus handelt.

16 Bahnbrechend war die Schrift von *Georg Kerschensteiner*, Staatsbürgerliche Erziehung der deutschen Jugend (1901), die bis 1917 in 6. Aufl. erschien u. 1931 in 10. Aufl. Zum normativen Niederschlag 1919: Art. 148 Abs. 3 WRV u. heute z. B. in den Landesverfassungen von Baden-Württemberg (Art. 21), Brandenburg (Art. 28), Hessen (Art. 56).

17 Näher dazu *Kühne* (Fn. 13), S. 216.

geführten ministeriumsgleichen Reichsämter[18] ebenso wenig entnehmen wie die faktische Dauerblockade einer stillen Parlamentarisierung.[19] Und schon formal war die Stellung der Verfassung vergleichsweise schwach. Verlangte ihre Änderung doch ähnlich England bis heute nur die einfache Mehrheit und damit deutlich weniger als die qualifizierten Quoren unter der WRV und dem Grundgesetz.[20]

Schließlich ist es um das Verfassungsbewusstsein auch ausweislich von Literatur und Fachliteratur kaum besser bestellt. Bezeichnend etwa das zeitgenössische Selbstzeugnis von Thomas Mann in seinen „Betrachtungen eines Unpolitischen"[21] und damalige Defizitklagen im politischen Schrifttum, wobei als Autoren nur die Liberalen Hugo Preuß als nachmaliger Stammvater der WRV und Max Weber genannt seien.[22]

Das leitet zu den seinerzeit politisch Handelnden über, bei denen bis 1918 ebenfalls erhebliche verfassungsrelevante Defizite zu verzeichnen sind. Zusehends anwachsende Krisenpunkte sind etwa die gegen die SPD gerichtete parlamentarische Hinnahme massiver Wahlkreisungleichheiten

---

18 Die BRV verzichtete auf einen dezidierten Abschnitt zur Regierung. Dies gehört zu den diplomatischen Schachzügen Bismarcks, durch diese Mimikry die dt. Fürsten für die Schaffung des norddt. Bundes bzw. Deutschen Reiches gewonnen zu haben. Zu dem Dutzend der bis 1918 gebildeten Reichsämter s. *Huber*, Dok. (Fn. 8), Bd. III (3. Aufl. 1990), S. 346 f. Zur Minister ersetzenden Funktion ihrer Staatssekretäre genannten Leiter s. *Ernst Rudolf Huber*, Deutsche Verfassungsgeschichte seit 1789 (2. Aufl. 1978), S. 833 ff.

19 Art. 15 BRV, wonach der Reichskanzler vom Kaiser zu ernennen war, erlaubte mit dieser Offenheit zwar auch das materielle Regierungs- bzw. Kanzlerernennungsrecht, hätte sich aber ohne weiteres auch faktisch i. S. eines formellen nutzen lassen, und zwar zugunsten stiller Parlamentarisierung, d. h. eine Ernennung nach den Wünschen der Parlamentsmehrheit. Alle entsprechenden Ansätze wurden jedoch bis zur durch die Wilson-Note bewirkten Oktoberreform 1918 abgelehnt. Dazu eingehend *Manfred Rauh*, Die Parlamentarisierung des Deutschen Reiches (1977).

20 Vgl. Art. 78 BRV einerseits u. Art. 76 WRV, 79 GG andererseits.

21 Dazu das während des 1. Weltkriegs entstandene, kurz vor Kriegsende erschienene Werk von *Thomas Mann*, Betrachtungen eines Unpolitischen (1918), insbes. S. 253 ff., 265 ff., wobei er sich gegen staatsbürgerl. Erziehung wandte (S. 257) und den Begriff der Staatsverfassung nur einmal (S. 214) ausdrücklich brachte. Dass er alsbald zum Republikaner wurde u. sich von dem Werk distanzierte, sei freilich auch gesagt.

22 Zu *Hugo Preuß* sein Werk: Das deutsche Volk u. die Politik (1915), zu *Max Weber* sein Werk: Parlament u. Regierung im neugeordneten Deutschland (1918); Ersterer wird ab 1918 wichtigeres DDP-Mitgl. sein, Letzterer zumindest DDP-nah. Zu weiteren lib. Schriften *Kühne* (Fn. 13), S. 212 ff.; s. a. *Bernhard v. Bülow*, Deutsche Politik (1917).

auf der Reichsebene wie entsprechende Wahlreformverweigerungen in den Gliedstaaten, nicht nur in Preußen.[23] Es geht um monarchisch-konstitutionelle Herrschaftssicherung in konservativ-liberalem Sinne. Kommt eine entsprechende Befangenheit der Staatsrechtslehre hinzu, für die der Reichstag kein eigentliches Verfassungsorgan ist, sondern nur nachgeordnete Organbedeutung besitzt.[24] Und hinsichtlich der Verfassungsbeachtung des kaiserlichen Staatsoberhaupts sei nur ein Beispiel gebracht. Es findet sich mitten im Weltkrieg ungeachtet des damals virulenten Topos der 'herrlichen Kriegsbewährung des Volkes'[25] und spiegelt die autoritär-obrigkeitsstaatlichen Vorstellungen des Kaisers in extremis. Als der Reichskanzler seinem Monarchen berichtet, dass der von diesem veranlasste Wechsel in der Heeresleitung auf Hindenburg auch in der Öffentlichkeit positiv aufgenommen werde, erwidert Majestät noch 1916 wortwörtlich:[26] „Die Stimmung des Volkes ist mir ganz egal."

Zu den Verfassungsrelevanzen der späten Kaiserzeit gehören schließlich noch soziale Vorgegebenheiten, die die Einwurzelung der Weimarer Verfassung erschweren sollten. Auf der einen Seite die damals sog. Reichsfeinde aus SPD, Zentrum und Linksliberalen als den späteren Trägern der WRV, auf der anderen Seite die klare Bevorzugung von Adel und Bürgertum bis 1918.[27] Sie ist Ausdruck des Klassengegensatzes zur Arbeiterschaft und bedeutet eine gesellschaftliche Spaltung, deren Überwindung sich die Weimarer Verfassung vor allem in ihren gleichheitlichen und wirtschaftlich-sozialen Grundrechten besonders angelegen sein lässt.[28] Neben dem damit verbundenen verständlichen Privilegienabbau seien ausdrücklich nur die Wahlrechtsausweitung, Mitspracherechte im Arbeitsleben sowie sozial umschichtende Steuerbefugnisse genannt.[29]

Im Ergebnis findet sich für die Kaiserzeit zwar Nationalstolz auf die eigene – auch vom Ausland bewunderte – Wirtschaftskraft und Kriegstüch-

---

23 Zum dortigen Dreiklassenwahlrecht näher: *Huber*, Dok. (Fn. 18), Bd. V (ND 1992), S. 151 ff.; zum brem. Achtklassenwahlrecht nur Peter Kuckuk (Hrsg.), Revolution u. Räterepublik in Bremen (1969), S. 9, 37.

24 Dazu nur *Christoph Schönberger*, Das Parlament im Anstaltsstaat (1997), S. 100 ff.

25 So *Gustav Stresemann* (nat.-lib.), in: VRT (Fn. 1) 309, S. 2857 (29.3.1917), weiter *Kühne* (Fn. 13), S. 214.

26 Zit. nach: Museum Huis Doorn (Hrsg.), Der Große Krieg u. das kleine Doorn (2014), S. 33.

27 Zu nennen sind hierbei Bevorzugungen im Wahlrecht, durch sog. Adelskammern, bei Besetzungen von Spitzenstellen im Staatsdienst, durch Steuerprivilegien, Güterschutz, Portofreiheiten usw.

28 Dazu näher *Kühne* (Fn. 13), S. 268 f.

29 Vgl. Art. 22, 109 Abs. 3, 134, 155 Abs. 2 S. 2, 165 WRV.

tigkeit sowie generell ein optimistischer Fortschrittsglaube. Aber: auch wenn man den Vorwurf M. Webers[30] für zu schroff hält, Bismarcks Erbe sei es gewesen, die Nation ohne jede politische Erziehung hinterlassen zu haben, blieb jedenfalls ein nennenswertes Verfassungsbewusstsein weitgehend unausgebildet.

2. *Impulse der Novemberrevolution*

Vorbereitet war nichts. Im Gegensatz zum eben geschilderten mangelhaften Verfassungsbewusstsein führt die Novemberrevolution mit ihrem eine lange Tradition sprengenden Monarchenabgang zu einem explosionsartig pluralitären Aufbruch zahlloser Vorstellungen partieller oder völliger Verfassungserneuerung. Geht es zunächst noch beim Kieler Flottenaufstand genau besehen um eine Widerstandsleistung gegen ein mangels Regierungszustimmung verfassungsrechtlich ungedecktes Angriffsvorhaben der Marineleitung,[31] weisen die Vorstellungen während der novemberlichen Schockstarre der alten Funktionseliten zunehmend in Richtung einer Sozialrevolution mit einem zwar innovativen, aber organisatorisch eher unfesten Kern von Arbeiter- und Soldatenräten.[32]

Daneben steht freilich von Anfang an in der Person von Ebert eine kontinuitätswahrende Verknüpfung des bisherigen Reichskanzleramtes mit der Regierung der Volksbeauftragten. Ihre alsbaldige Proklamation erweiterter Grund- wie Wahlrechte verweist zugleich auf den klassischen Weg der Verfassunggebung durch eine einzuberufende konstituierende Nationalversammlung.[33] Zu ihren Themen, mit deren Vorbereitung sich nun in der anschließenden Zeit etliche Konferenzrunden und Sitzungen befassen, gehören nicht nur soziale Fragen. Vielmehr stehen auch die damals virulenten Problemkreise einer Neugliederung des überkommenen Bundes-

---

30 *Ders.* (Fn. 21), S. 12 der Erstausgabe.

31 Dazu *Prinz Max v. Baden*, Erinnerungen u. Dokumente (1928), neu hrsg. von Golo Mann (1968), S. 541 f., wonach der Autor als seinerzeitiger Reichskanzler nicht vom Flottenvorstoß unterrichtet worden war; seit der Neufassung des Art. 15 BRV durch die sog. Oktoberreform war der Reichskanzler indessen für alle, d. h. auch militärische „Handlungen von politischer Bedeutung“ verantwortlich.

32 Dazu nach wie vor grundlegend: *Walter Tormin*, Zwischen Rätediktatur u. sozialer Demokratie (1954) u. *Peter v. Oertzen*, Betriebsräte in der Novemberrevolution (2. Aufl. 1976), S. 9 ff.

33 So im letzten Satz des Aufrufs des Rats der Volksbeauftragten an das dt. Volk v. 12.11.1918 (RGBl. 1303), s. a. *Huber*, Dok. (Fn. 8), Nr. 7.

staats sowie der Neuordnung des bisherigen Regierungssystems zur Debatte.[34] Weiterhin geht es um unitarische Ausweitungen der Reichskompetenzen, Veränderungen des Schul- und Bildungswesens samt des Staat-Kirchen-Verhältnisses, der Finanzverfassung und des Militärwesens.[35] Und nicht zu vergessen um eine Ausweitung der Wählerschaft, die sich nun gegenüber der Reichstagswahl von 1912 mit bleibender Wirkung mehr als verdreifacht zeigt.[36]

Kurzum: angesichts des Füllhorns verfassungsrelevanter Themen erscheint es insgesamt nicht verfehlt, neben der *Sozial*revolution zugleich von Ansätzen einer *Verfassungs*revolution zu sprechen. Kommt der in Wien, Weimar wie Berlin breit unterstützte Anschlusswunsch Deutsch-Österreichs hinzu. Das bringt Preuß im Einklang mit dem damals von Wilson geforderten Selbstbestimmungsrecht dazu, für die anstehende Verfassunggebung die ‚nationale Demokratie'[37] zu propagieren, was zusätzlich in Richtung einer *National*revolution wies.

Dass daneben noch bürgerkriegsähnliche Eruptionen, revolutionäre Räteforderungen und Streikbewegungen zu bewältigen waren, ließ einen der damals führend beteiligten höheren Beamten rückblickend resümieren,[38] wer wie er die Zeit zwischen Revolutionsausbruch und Nationalversammlung miterlebt habe, frage sich noch immer mit Staunen, wie aus dem anfänglichen Chaos wieder ein Kosmos gestaltet worden sei. Es handele sich um ein verfassungsgeschichtliches Wunder. Und weiter: Das deutsche Volk täte gut daran, derer, die daran mitgearbeitet hätten, mit Ehrfurcht und Dankbarkeit zu gedenken.

---

34 In der gen. Reihenfolge: Reichskonferenz, d. h. 1. Große Reich-Länder-Konferenz v. 25.11.1918, in: Die Regierung der Volksbeauftragten 1918/19, hrsg. von *Susanne Miller/Heinrich Potthoff* (1969), Bd. 1, S. 149 ff. sowie: Aufzeichnung über die Verhandlung im Reichsamt des Innern über die Grundlagen des … Verfassungsentwurfs (9.–12.12.1918), in: *Hugo Preuß*, Gesammelte Schriften, hrsg. von Detlef Lehnert/Christoph Müller/Dian Schefold (2015), Nr. 2, S. 128 ff.

35 In der gen. Reihenfolge: Aufzeichnung (Fn. 34), S. 113 ff., 118 f., 113 (Finanzen), 115.

36 Zur Verdreifachung näher *Kühne* (Fn. 13), S. 200, 220, 775 f.

37 Deren Nws. bei *Kühne* (Fn. 13), S. 103 mit Fn. 358, S. 171.

38 So der verfassungsloyale hohe Ministerialbeamte u. spätere Präs. des Reichsgerichts u. Staatsgerichtshofs des Dt. Reiches *Walter Simons*, Hugo Preuß (1930), S. 16. Über ihn näher *Horst Gründer*, Walter Simons als Staatsmann (1975).

III. Friedenspolitische Überwirkungen auf die Verfassunggebung

1. *Durch alliierte Vorgaben*

Zur Abrundung der bisherigen Schilderung älterer Vorwirkungen und revolutionärer Verfassungsvorstöße sei als positiver Höhepunkt noch auf die berühmten, aus einem Reichstagsfenster gerufenen Worte des nachmals ersten parlamentarischen Ministerpräsidenten des Reichs Philipp Scheidemann[39] eingegangen: „Das Volk hat auf ganzer Linie gesiegt. Monarchen und Militarismus sind erledigt. Diesen Sieg gilt es jetzt zu festigen. Es lebe die deutsche Republik." – So sehr dieser Ausruf die innenpolitische Situation treffen mochte, er irritiert mit seinem unüberhörbaren Schweigen zur desolaten außenpolitischen Lage, soll heißen, dem seit einem Monat militärisch eingestandenen Bankrott mitsamt dessen auch verfassungsrelevanten Folgen. War doch das dt. Waffenstillstandsersuchen vom 3. Oktober 1918 mit der Annahme der 14 Punkte des am. Präsidenten Wilson verbunden,[40] die mit ihrer Propagierung des Selbstbestimmungsrechts Gebietsverluste im dt. Osten sowie die Abgabe Elsaß-Lothringens, allerdings auch Zuwächse durch Deutsch-Österreich signalisierten.

Insofern hatte der vierfache Notenwechsel bis zum 1. Waffenstillstandsabkommen vom 11. November[41] bereits formal eine ungute Vermischung von Waffenstillstands- und Friedensvertragselementen und dabei weitere Belastungen von alliierter Seite erkennen lassen. Kommt es doch ab der 2. Wilson-Note zur Verfassungsintervention, indem die Beseitigung monarchisch-autoritärer Strukturen im dt. Regierungssystem verlangt wird. Und in der 3. Wilson-Note folgt die alliierte Forderung eines Waffenstillstands, der ausdrücklich eine dt. Wiederaufnahme von Feindseligkeiten ausschließen will. Das bedeutete zwar keine völlige Entwaffnung, aber doch eine

39 Zur Überlieferung seiner Aussage samt ihren Varianten zuletzt *Lisa Brüßler*, Berlins berühmtester Balkon, in: Das Parlament, Nr. 30/31 v. 23.7.2018, S. 12; ähnlich *Huber*, Dok. (Fn. 8), Nr. 2.

40 Das dt. Ersuchen v. 3.10.1918 bei *Huber*, Dok. (Fn. 8), Bd. III (3. Aufl. 1990), Nr. 209 (353), Wilsons 14 Punkte v. 8.1.1918, ebd., Nr. 160.

41 Abkommen v. 11.11.1918, in: *Friedrich Purlitz* (Hrsg.), Vom Waffenstillstand zum Frieden von Versailles (1919), S. 151 ff.

Waffenstreckung mit verfassungsrelevantem Durchgriff auf die dt. Wehrhoheit und Wehrverfassung. Und in der letzten Wilson-Note vom 5. November[42] wurde die die Wirtschaftsverfassung beeinträchtigende Reparationspflicht angekündigt und des Weiteren eine Verhandlungsführung über den Waffenstillstand unter dem Oberbefehlshaber der alliierten Westtruppen Marschall Foch, einem der Führer der franz. Militärpartei. Überdies wurde darin zugleich die dt. Erwartung von Verhandlungen durch die Erklärung zurückgewiesen, man sei nun bereit, die dt. Vertreter „von den Waffenstillstandsbedingungen in Kenntnis zu setzen".

Im Klartext kam es damit zu einer Demütigung durch Fortsetzung des Krieges mit anderen Mitteln. So fand sich schon im 1. Waffenstillstandsabkommen die Abgabepflicht u. a. von Flugzeugen, 5.000 Kanonen, 25.000 Maschinengewehren, 5.000 Lokomotiven und 150.000 Eisenbahnwaggons.[43] Kamen eklatante Imparitäten hinsichtlich der Freilassung alliierter sowie der Nichtfreilassung von 800.000 dt. Kriegsgefangenen hinzu und ebenso nur geringfügige Erleichterungen der weiterbestehenden Lebensmittelblockade.[44]

Da die Waffenstillstände überdies zunächst auf jeweils einen Monat befristet sind, wird jede Verlängerung mit weiteren Verpflichtungen verbunden. So wird die Finanzgebarung der Dt. Reichsbank erfasst und als Ausgleich für Nicht- oder Schlechterfüllung vorerwähnter dt. Waffenstillstandsverpflichtungen die Abgabe landwirtschaftlicher Gerätschaften mit klaren Negativfolgen für die dt. Ernährungslage verlangt. Auch legt man eine Demarkationslinie im dt. Osten fest, die erhebliche dortige Gebietsteile zugunsten poln. Insurgenten der dt. Botmäßigkeit entzieht.[45] Doch sollen hier nicht alte Klagelieder angestimmt werden.

---

42 In der gen. Reihenfolge: 2. Wilson-Note v. 14.10.1918, *Huber* (Fn. 40), Nr. 212 (356); Wilson-Note v. 23.10.1918, *Huber* (wie vor), Nr. 214 (358); 4. Wilson-Note v. 5.11.1918, *Huber* (wie vor), Nr. 216 (360). Zum Ganzen auch *Huber* (Fn 23), S. 566 ff.

43 Dazu detailliert die im Waffenstillstandsabkommen v. 11.11.1918 geregelten Bedingungen bei *Purlitz* (Fn. 41), S. 343: Ziff. IV, VII, XXVII.

44 Zur imparitätischen Kriegsgefangenbehandlung *Purlitz* (Fn. 41), Ziff. X; zur Blockade u. Lebensmittelversorgung Ziff. XXVI. Die Anzahl der dt. Kriegsgefangenen bei *Ebert* (Fn. 1), S. 2.

45 Zur Waffenstillstandsverlängerung 1. Abkommen (Fn. 41), Art. XXXIV, 2. Abkommen v. 13.12.1918 bei *Purlitz* (Fn. 41), S. 179 mit Art. XIX betr. Reichsbank; zur Forderung landwirtschaftlicher Geräte 3. Abkommen v. 16.1.1919 bei *Purlitz* (Fn. 41), S. 279 f., Ziff. III; zur dt.-poln. Demarkationslinie 4. u. letztes Verlängerungs-Abkommen v. 16.2.1919 bei *Purlitz* (Fn. 41), S. 343.

Es genügt vielmehr als Quintessenz festzuhalten, dass die dt. Position durch die alliierte Salamitaktik zunehmender Abgabeverlangen mehr und mehr ins Hintertreffen gerät. Daraus resultiert deutscherseits eine politische Haltung, die am besten mit dem späteren Begriff des 'Appeasement' zu fassen ist. Dabei geschieht dies unter Leitung der neuen Kräfte, d. h. der Volksbeauftragten und der Weimarer Koalition aus SPD, Zentrum und DDP, die auch für die Weimarer Verfassunggebung maßgeblich sind.

Zwar kommt es immer wieder zu internem Sträuben gegenüber den steigenden Zumutungen von alliierter Seite und steht gegenüber ihrer Salamitaktik das eigentlich bis zuletzt nur zähneknirschende dt. Appeasement oft genug auf Messers Schneide.[46] Schlussendlich vermag sich die verfassungstragende Weimarer Regierungskoalition indessen angesichts der alliierten Übermacht nicht zu einem politischen Halt durchzuringen, obwohl immer wieder Widerstandserwartungen und -hoffnungen geweckt worden waren.

So spricht etwa Ebert in der Eröffnungssitzung der Nationalversammlung noch selbstbewusst von einem „Anspruch auf den Wilson-Frieden"[47], was gleichbedeutend mit dem damals geläufigen Begriff des Rechtsfriedens ist. Dass dieser nicht erreicht wird, führt zu Enttäuschungen und Abwendungen in der Wählerschaft mit Überwirkung auf die Verfassunggebung. Dies umso mehr, als mit Letzterer geraume Zeit die – dann vergebliche – Hoffnung verbunden ist, die durchgreifende normative Demokratisierung Deutschlands i. S. westlicher Verfassungsstaatlichkeit werde bei dem Friedensschluss zu moralischen Eroberungen, sprich alliiertem Entgegenkommen führen.[48]

---

46 Nachdem bereits die erste Verlängerung des Waffenstillstands im Dez. 1918 nach Auffassung des dt. Diplomaten u. wichtigen Regierungsberaters Johann Graf Bernstorff hätte abgelehnt werden sollen (sein Brief v. 25.2.1919, in: *Ders.*, Erinnerungen u. Briefe, 1936, S. 185), kam es bei der dritten u. letzten Verlängerung im Febr. 1919 zu einer gerade noch bewältigten Regierungskrise, da sich die Rücktrittsdrohung von Außenmin. Ulrich v. Brockdorff-Rantzau, der Verlängerungsgegner war, noch abwenden ließ; vgl. *Hagen Schulze*, Das Kabinett Scheidemann (1971), Nr. 2 (S. 5 ff.).

47 In: VRT (Fn. 1) 326, S. 2 (1. Sitz., 6.2.1919).

48 Dazu die frühe Kritik des damals opponierenden Vors. der Dt. Volkspartei *Gustav Stresemann* an der „Illusionspolitik", in: Eberhard Kolb/Ludwig Richter (Bearb.), Nationalliberalismus in der Weimarer Republik, die Führungsgremien der Dt. Volkspartei (1999), S. 83 (12./13.4.1919) sowie indirekt die Klage von *Hugo Preuß*, Um die Reichsverfassung von Weimar (1924), in: *Ders.*, Ges. Schriften, Bd. IV (2008), Nr. 50, S. 367 (387), wonach das Einleben der WRV durch die wirtschaft-

In diametraler Abkehr vom Stil des Wiener Kongresses (1814/15), Sieger und Besiegte gleichermaßen an einem Tisch verhandeln zu lassen, ist es bereits erniedrigend, trotz der ursprünglichen Ankündigung eines Präliminarfriedens mit daran anschließenden gemeinschaftlichen Verhandlungen Letztere schlicht zu übergehen. Deutschland wird ein Vertragswerk vorgelegt mit ultimativ knappen Äußerungsfristen samt Einmarschdrohung bei Annahmeverweigerung. Politisch enttäuschend sind dabei vor allem eklatante Abweichungen vom Wilsonschen Programm. Dies gilt formal namentlich hinsichtlich dessen Forderung internationaler Vertragstransparenz; und materiell gilt es für das darin zentrale Selbstbestimmungsrecht, von dem sich die Alliierten – abgesehen allenfalls von Irland[49] – selbst ausnehmen. Die Umsetzung dieses Rechts unterbleibt jedenfalls für Deutsch-Österreich, in Elsaß-Lothringen, dem späteren poln. Korridor, dem Hultschiner Ländchen und dem Memelland.[50] Es wird von alliierter Seite i. Wes. nur in den Fällen des westpreuß. Stimmgebiets Marienwerder, im südostpreuß. Masuren und später im Saarland fair gehandhabt,[51] während es in Eupen-Malmedy zur Farce kommt und in Nordschleswig und Oberschlesien hinsichtlich der Abstimmungsauswertung jeweils zulasten

---

lich, sozial u. moralisch vernichtenden Folgen des von den Alliierten erzwungenen Versailler Friedens unmöglich gemacht worden sei.

49 In der gen. Reihenfolge: Zur internat. Vertragstransparenz, die übrigens schon selbst gegenüber den kleineren Mitalliierten nicht durchgehalten werden sollte, s. den 1. der Wilsonschen Punkte (Fn. 40); zur irischen Unabhängigkeit, die seit dem Osteraufstand von 1916 bis 1922 erkämpft wurde, näher *Kevin B. Nowlan*, Vom Osteraufstand bis zur nordirischen Krise 1968, in: Theodor Schieder (Hrsg.), Hb. der europ. Geschichte, Bd. 7 (1979), S. 746 (748 ff.). Im Übrigen erkannten weder die USA für ihre Indianerbereiche noch Frankreich für seine Gebiete mit Sprachminderheiten das Selbstbestimmungsrecht an.

50 In der gen. Reihenfolge: Zu Dt.-Österreich s. u. S. 21 f. Die franz. Begründung hstl. Elsaß-Lothringens war die einer Reannexion gegenüber der dt. Annexion von 1870/71, die freilich an sich schon selbst als Reannexion gegenüber den früheren franz. Eroberungen bezeichnet werden konnte. Im später sog. poln. Korridor wäre eine Gesamtabstimmung in Westpreußen nach den Wahldaten von 1912 zu 2/3 für das Dt. Reich ausgegangen. Bezeichnend war auch, dass das Memelland ohne Abstimmung an Litauen kam. Dazu: Die Wahlen zur verfassunggebenden Dt. Nationalversammlung am 19. Jan. 1919 (Vierteljahrshefte zur Statistik des Dt. Reichs, 28. Jg. (1919), 1. Ergänzungsheft, S. 33 mit Angaben zu litauischen u. poln. Parteien.

51 Die dort. Territorialabstimmungen verliefen in der gen. Reihenfolge 1921 zu 92,8 % und 97,9 % für Deutschland und 1935 im Saarland zu 90,8 %.

Deutschlands verfahren wird.[52] Kamen die Internationalisierung dt. Wasserstraßen, scharfe Beschränkungen der Wehrfähigkeit, die moralisierende Fixierung alleiniger dt. Kriegsschuld, die Grundlegung der Reparationen und der Verlust sämtlicher Kolonien hinzu.[53]

Zwar bleibt die Gesamtstaatlichkeit Deutschlands erhalten. Dies jedoch wie rückblickend geschehen als Wunder von 1919 zu bezeichnen,[54] konnte und kann die für das damalige politisch-psychologische Klima demütigenden alliierten Belastungen nicht überspielen. Zu nennen sind dabei namentlich das die Kriegsgegner ausschließende Verhandlungsverfahren, gravierende Fälle der Verwehrung angesagter Selbstbestimmung, die einseitige Schuldzuweisung, Reparationen sowie Bevölkerungs- und Territorialabgaben samt Kolonien.

Ohne Rücksicht auf dt. Nachgiebigkeiten hat man sich am Ende von einem Frieden der Gerechtigkeit, wie ihn Wilson angekündigt hatte, deutlich entfernt. Die dt. Enttäuschung darüber wirkte auf die WRV über, die deshalb mitsamt ihres Anschlusses an westl. Verfassungsstaatlichkeit niemals aus dem Schatten der Niederlage hinaustreten sollte.

2. *Verfassungspolitische Alternativen?*

Die negativen Überwirkungen des geschilderten Friedens und seiner vor allem auch wirtschaftlichen Folgen auf die zeitlich parallel laufende Verfassunggebung wie alsbaldige Verfassung hätte sich durch Entkoppelung vermeiden, jedenfalls aber abschwächen lassen. Dies bereits dadurch, dass man gegenüber dem Anschlusswunsch Deutsch-Österreichs auf außenpolitischen Vorweggehorsam verzichtet und i. S. des eingangs erwähnten, von *Scheidemann* propagierten Siegs des Volkes hierzulande beherzt zugegriffen hätte. Hatte doch die Provisorische Nationalversammlung Deutsch-Österreichs schon am 12. November 1918 in Gesetzesform ohne Wenn und

---

52 In der gen. Reihenfolge: In Eupen-Malmedy kam es zu einer sog. negativen Abstimmung; d. h. die Zustimmung wurde unterstellt, indessen eine Abstimmung für Gegner unter Androhung der Landesverweisung eröffnet. Während in Nordschleswig die gesamthafte Abstimmungszone 1 auch südl. Abstimmungsbezirke einschloss, die mehrheitlich für den Verbleib beim Dt. Reich waren, wurde in Oberschlesien umgekehrt die Gesamtabstimmung für das Dt. Reich anschließend unterlaufen, indem Stimmbezirke ohne dt. Mehrheit an Polen gegeben wurden.

53 Vgl. in der gen. Reihenfolge im Versailler Vertrag: Teil XII, Teil V; Teil VIII u. Teil VI (Art. 119 ff. Kolonialverlust).

54 So *Hagen Schulze*, Weimar. Deutschland 1917–1932 (2. Aufl. 1982), S. 15.

Aber ihr Gebiet zum Bestandteil des Deutschen Reiches erklärt.[55] Statt wie an sich von Ebert gewünscht sofort darauf einzugehen und damit das von Wilson propagierte Selbstbestimmungsrecht dem Lackmustest zu unterziehen, stellt man dies aus diplomatischer Furchtsamkeit vor einem kompensatorischen Zugriff Frankreichs auf die Rheinprovinz zurück. Hier hätten die republikanischen Kräfte indessen mit beherztem Zugriff i. S. staatlicher Innovation innenpolitisch früh punkten und dadurch die Überwindung traditionell geprägter Territorialreminiszenzen im Reich wie im Anschlussgebiet zugunsten neuer Dimensionen beschleunigen können. Dies umso mehr, als Frankreich, wie man inzwischen weiß, seine Gegnerschaft gegen den Anschluss zeitweise schon als verloren ansah. Eine große nationale Chance für die territoriale Grundlegung der neuen Verfassung i. S. nationaler Demokratie[56] ist damit vertan. In jedem Fall hätte die dt. Bevölkerung früh außenpolitische Realitäten und Ernüchterung lernen können – bei evtl. Stärkung des politischen Widerstandswollens.

Seit der 2. Novemberhälfte wird unter der Federführung von H. Preuß die regierungsseitige Verfassungsvorlage vorbereitet, wobei es zu nennenswerten Verfassungsvorlagen der rätesozialistischen Linken[57] und der monarchischen Rechten auch später nicht kommt. Noch bevor die fertige Vorlage dann der am 19. Januar gewählten Nationalversammlung vorgelegt und ab Anfang März in ihrem Verfassungsausschuß (VerfA) beraten wird, melden sich praktisch zugleich beachtliche verfassungsrelevante Zweifel. Mit ähnlicher Leidenschaft, wie sich gegen die Fristverlängerung des Waffenstillstands an höchster Stelle Widerstände bis hin zur ministeriellen Rücktrittsdrohung ergeben,[58] kommt es zu zeitgleichen Forderungen, die Verfassunggebung angesichts der durch Aufstände, Streiks und außenpolitischen Friedensaussichten aufgewühlten Lage zu verschieben. So klagt der historisch versierte DDP-Mitgründer und mit politischer Führung vertrau-

55 Vgl. Art. 2 S. 1 Gesetz v. 12.11.1918 über die Staats- u. Regierungsform von Deutschösterreich (StGBl. 1918/5), s. a. *Ilse Reiter* (Hrsg.), Texte zur österr. Verfassungsentwicklung 1848–1955 (1997), S. 157.

56 Dazu wie zum Vorst. näher *Kühne* (Fn. 13), S. 171 f.

57 Dazu hstl. der Gesamtstaatsebene *Kühne* (Fn. 13), S. 164, etwas anders ebd. auf der Länderebene, wobei die dort. Angabe zum Entwurf einer Räteverfassung für Baden noch zu ergänzen ist, nämlich um Gotha (Juli 1919), Thür. Staatsarchiv für Gotha, Sig. Landtag II, Nr. 973.

58 Dazu s. o. bereits Fn. 46.

te Liberale Kurt Riezler[59] darüber, eine Sozial- in eine Verfassungsrevolution umdeuten zu wollen. Bei den gegenwärtigen inneren wie äußeren Ungewissheiten könne eine neue Reichsverfassung nicht sachgemäß beraten werden. Und übereinstimmend notiert der ebenfalls wichtigere DDP-Angehörige, der Sozialpolitiker Anton Erkelenz[60] bitter: „Wir bauen eine Verfassung für den Mond."

In der Tat hätte der von beiden gewollte Aufschub der Verfassunggebung dafür sorgen können, diese von der Überwirkung der ansteigenden Enttäuschung über den Friedensprozess zu entlasten. Andererseits wäre das von der Novemberrevolution ausgelöste Verlangen nach wirtschaftlich-sozialen Grundrechten auch später nur dann dem lastenden Schatten des Versailler Vertrages entkommen, wenn er besser als geschehen ausgefallen wäre. Anders hätte sich nämlich wegen der durch die hohen Reparationen[61] verursachten Armut der Weimarer Republik eine zufriedenstellende *soziale* Verfassungsentfaltung nicht erreichen lassen.

Schließlich seien kurz noch Widerstandsalternativen erwähnt. In offener Form wird ein Waffengang damals auf Befragung gerade kompetenter dt. Militärs angesichts 9-facher Überlegenheit der Alliierten für aussichtslos gehalten. Dies zur im Herbst 1919 durch Hindenburg verbreiteten Dolchstoßlegende.[62] Erwogen wird indessen von Rathenau wie auch bemerkenswerterweise später von Adenauer die Androhung eines Volkskriegs,[63] was sich jedoch in Zeiten von Hunger und Kriegsmüdigkeit leichter sagen als durchführen ließ. Bleibt noch der Aufruf zu passivem Widerstand ein-

---

59 Näher sein Schreiben v. 26.2.1919 an Außenmin. Brockdorff-Rantzau, Abdr. bei *Kühne* (Fn. 13), S. 922 f.; zu Riezler, der u. a. Sekretär des Reichskanzlers Bethmann-Hollweg u. Mitgründer der DDP gewesen war, näher wie vor, S. 873 f.

60 Aufzeichnung *Erkelenz* v. 1.3.1919 (sein Nl. in Bundesarchiv N 1072/84, Bl. 065).

61 Dazu nur *Gerd Meyer*, Die Reparationspolitik. Ihre außen- u. innenpolitischen Rückwirkungen, in: Dietrich Bracher/Manfred Funke u. a. (Hrsg.), Die Weimarer Republik, 1918–1933 (2. Aufl. 1988), S. 327 ff. (342).

62 Dazu nur *Horst Möller*, Weimar. Unvollendete Demokratie (1985), S. 68 f. Ergänzt sei zeitgen. die wenig bekannte Kontroverse, die 1928 ein Zeitungsgespräch mit dem franz. Marschall *Ferdinand Foch* auslöste; seine darin auf 1918 rückblickende Einräumung gewisser dt. Siegeschancen wurde von rechtsnationaler Seite begierig aufgegriffen. S. Neue Freie Presse (Wien) v. 1.8.1928 (Nr. 22945), S. 1 f.: „Hätte Deutschland den Krieg gewinnen können?" u. die Gegenstellungnahmen, ebd. v. 3.8. (Nr. 22947), S. 1 f. sowie v. 19.8.1928 (Nr. 22963), S. 1 f. aus der Feder des kons.-lib. Militärhistorikers *Hans Delbrück*.

63 Zu *Walther Rathenau* sein Artikel „Ein dunkler Tag", in: Voss. Ztg. v. 7.10.1918 (Nr. 512), S. 1; zu seiner weniger bellizistischen Auffassung 1919 s. *Kühne* (Fn. 13), S. 36, Fn. 222 u. ebd. zu ähnl. Denken bei Max Weber. Zu Adenauer wie vor, S. 100, Fn. 340.

schließlich dt. Weigerung, einen Partner für den förmlichen Friedensschluss zu stellen. Auch wenn dies von Wilson durchaus als Gefahr für seine Pläne befürchtet wurde,[64] hätte dazu doch im dt. Volk eine Festigkeit und Entschlossenheit bestehen müssen, die angesichts der vielen innenpolitischen Wirren hierzulande 1919 kaum oder wie in der jungen Türkei[65] nur autoritär herstellbar gewesen wäre. Ähnliches hat für den außenpolitischen Paradigmenwechsel eines Zusammengehens mit der jungen Sowjetunion zu gelten. Gegen solch kühnen Schachzug sprach schon deren Unterstützung innenpolitischer Gegner der Weimarer Koalition und überdies das Fehlen entsprechender Führung durch einen mitreißenden Staatsmann in der dt. Reichsregierung, der den Willen gehabt hätte, i. S. Bismarcks Hammer statt Amboss zu sein.

Bekanntlich sollte es gegenüber den vorgenannten Alternativen bei Nichtunterbrechung der Verfassungsarbeit bleiben. Als Begründung i. S. der Weimarer Koalition führte der Vors. des Verfassungsausschusses Haußmann[66] kurz vor der dt. Entscheidung über Versailles an: Sein Gremium habe die Verfassungsvorlage in angestrengter Tag- und Nachtarbeit fürs Plenum fertiggestellt, damit das Reich in diesen Tagen größter Erschütterung nicht der staats- und völkerrechtlichen Grundlage eines einigenden Bandes entbehre. Ob dies bei dt. Ablehnung des Friedens wirklich geholfen hätte, erscheint indessen durchaus fraglich. Denn wie später durchgesickert ging die Absicht der Alliierten bei hiesiger Vertragsverwerfung dahin, das Dt. Reich für aufgelöst zu erklären[67] und nach ihrem Einmarsch zu Sonderfriedensschlüssen mit den süddt. Staaten zu gelangen.

Immerhin hat die dt. Annahme des Versailler Vertrages vor überstürzter Verabschiedung der WRV gesichert und damit gute Grundlagen für Demokratisierung, Sozialisierung, Klassenausgleich, unitarischen Föderalismus und Rechtsstaatlichkeit gelegt – und zwar für ein staatlich fester gefügtes Deutschland als zuvor. Dass dies auch von Anhängern

64 Hierzu *Klaus Schwabe*, Dt. Revolution u. Wilson-Frieden (1971), S. 605.

65 Eingehend dazu *Werner Zürrer*, Der Friedensvertrag von Sèvres, in: Saeculum 25 (1974), S. 88 (106 ff.).

66 So in: *Ders.*, Schlaglichter. Reichstagsbriefe u. Aufzeichnungen (1924), S. 251 mit Schreiben v. 19.6.1919 an den Präs. der Nationalvers.

67 Dies lt. Berliner Volks-Zeitung. v. 1.8.1919 (Nr. 352), S. 1 im Artikel: „Wenn wir nicht unterzeichnet hätten“.

der franz. Militärpartei alsbald widerwillig anerkannt wurde,[68] gehört zu den Auffälligkeiten, die die innerdt. Opposition gegen die WRV geflissentlich übergehen sollte und schon früh auf damaliges verfassungspolitisches Eliteversagen aufmerksam macht.[69]

68 So der Franzose *Josèphe Barthélemy* im Vorwort eines franz. Werkes über die WRV, näher dazu *Preuß*, Zum zweiten Jahrestag der republikanischen Reichsverfassung (1921), in: *Ders.*, Schriften (Fn. 48), Nr. 30, S. 211 ff.

69 Ansatzweise bereits Anf. 1920 der im Anhang abgedruckte Beitrag *Feiler* u. dezidiert *Gajus* (= Kurt Riezler), Die Schuld der Oberschicht, in: Die Dt. Nation 4 (1922), S. 617 ff. Im gleichen Sinne später auch *Friedrich Meinecke*, Die dt. Katastrophe (1946), S. 52 f.

IV. Bilanzierung

1. Andauernde Zwiespältigkeit

Zusammenfassend wird verständlich, warum bereits das erste Halbjahr von 1919 keine gute Zeit für die Akzeptanz der neuen Verfassung war. So ließ sich medial erkennen, dass es aufgrund der steigenden außenpolitischen Belastungen zu deutlich fallendem Interesse an der Verfassungsarbeit kam.[70] Der des Chauvinismus unverdächtige Verfassungsvater Preuß[71] bestätigte die Überwirkung: „Die politisch und wirtschaftlich, sozial und moralisch vernichtenden Folgen des Versailler Friedens und die Art ihrer Ausführung und Nichtausführung haben das Einleben der neuen Reichsverfassung unmöglich gemacht."

Genau besehen ging es dabei um zweifache Enttäuschung. Zum einen darüber, dass die notgedrungene Appeasementpolitik Weimars gegenüber den Friedensforderungen der Alliierten kein deutlicheres Entgegenkommen in Paris gezeitigt hatte. Und ebenso wenig führte es zu spürbarer Positivreaktion, dass Deutschland sich mit seiner neuen Verfassung in die westliche Verfassungsfamilie begeben hatte, zumal es dabei zunächst durchaus primushaft mit Fug behaupten konnte, die demokratischste Verfassung der Welt geschaffen zu haben. Dies durch massive altersmäßige Wahlrechtsausweitung und -gewährung auch für Frauen sowie durch unmittelbar demokratische Sachentscheide auf der Gesamtstaatsebene.[72] Anders als nach 1945 gibt es noch keine politisch bedeutsame englisch-am. Verfassungsempathie, die dann ganz im Gegensatz zur Weimarer Austerität und Inflation ab 1948 u. a. das bekannte baldige Wirtschaftswunder ermöglichen sollte.

---

70 Zur schwachen Presseresonanz, die früh bemängelt wurde, näher *Kühne* (Fn. 13), S. 406 f.

71 *Ders.*, Um die Reichsverfassung von Weimar (1924), in: *Ders.*, Schriften (Fn. 48), Nr. 50, S. 367 (387).

72 Dazu Art. 17 u. 22 sowie Art. 74 ff. WRV. Die Frauenwahl kannte bis dahin nur Neuseeland; unmittelbar demokratische Elemente auf der Gesamtstaatsebene kannten bis dahin nur Australien u. die Schweiz, dort aber für eine zahlenmäßig erheblich geringere Stimmbürgerschaft.

Gegenüber dem Vorwurf der Illusionspolitik, der dem Weimarer Appeasement alsbald von Stresemann[73] als dem Führer der verfassungsgegnerischen rechtsliberalen DVP gemacht worden ist, gilt es allerdings noch auf die gegen Versailles gerichtete Fanfare des „Unannehmbar“ zu verweisen. Hierzu kam es Mitte Mai aus dem Munde des Regierungschefs Scheidemann[74] auf der Berliner Protestsitzung der Nationalversammlung unter breitester begeisterter Zustimmung. Doch ging dies anschließend in die Schamade zähneknirschender Annahme über, d. h. einen diametralen parlamentarischen Abstimmungswandel, der letztlich auch das Ansehen der Nationalversammlung als Verfassunggeber in Mitleidenschaft zog. Volksabstimmungsvorschläge über Versailles oder die Verfassung hatten deswegen keine Chance.[75] Kam entgegen der republikanischen Gleichheitsansage das Verharren in alten Milieus hinzu bzw. der Rückfall ins Klassendenken.[76] Die Quittung für das Ausmaß der Enttäuschung folgte mit der ersten Reichstagswahl Anfang Juni 1920. Die mehr als Dreiviertelmehrheit der Weimarer Koalition von 1919 fiel nun dramatisch auf unter 50 %, ein Mehrheitsverlust, bei dem es notabene bis zum Ende der Weimarer Republik bleiben sollte.[77] Das bedeutete von nun an eine schleichende Verfassungsabkehr durch verzeichnende Interpretation vor allem auch in Form aktiver wie unterlassener Ausführungsgesetzgebung. Es war der verfassungstreue hohe preuß. Ministerialbeamte Arnold Brecht[78], der deshalb später durchaus einleuchtend formulierte, das eigentlich Erstaunliche sei gewesen, dass die WRV erst 1933 und nicht schon viel früher untergegangen sei.

---

73 S. o. Fn. 48.

74 So *ders.* in der Berliner Protestsitzung gegen Versailles, VRT (Fn. 1), 327, S. 1084 (39. Sitz., 12.5.1919).

75 So forderte die SPD-Fraktion ab dem 10. Mai bis zum 18. Juni 1919 eine Volksabstimmung über Versailles, dazu *Heinrich Potthoff/Hermann Weber* (Bearb.), Die SPD-Fraktion in der Nationalvers. (1986), S. 82, 88, 90. Entspr. Vorschlag zur Verfassung von Koch-Weser, näher *Schulze* (Fn. 46), S. 392, Pkt. 4, 3 (29.5.1919).

76 Näher mit etlichen zeitgen. Belegen *Kühne* (Fn. 13), S. 268 f.

77 Vgl. die Wahlübersicht bei *Huber*, Dok. IV (Fn. 8), S. 672 f.

78 *Ders.*, Aus nächster Nähe. Lebenserinnerungen 1884–1927 (1966), S. 312,.

2. *Spätere Heilungschancen?*

Es ist inzwischen weithin anerkannt, dass die WRV eine gut lebbare Verfassung hätte sein können.[79] Dazu hätte indessen zugunsten späterer Einwurzelung dem Geist ihrer Anfangsintentionen entsprochen werden müssen. Solcher Bereitschaft standen damals jedoch neben den vorerwähnten politischen Überwirkungen hinaus auch intrinsische Schwachpunkte der Verfassung entgegen. So wurde ihre Republikanisierung anders als heute im Grundgesetz schon bei ihrer Verabschiedung für legal abschaffbar erklärt, und zwar von keinem Geringerem als dem auf Preuß folgenden seinerzeitigen SPD-Verfassungsminister.[80] Und von Beginn an zielt man nicht nur auf Revision von Versailles, sondern – weniger bekannt – auch auf die der Verfassung.[81] Kommt ein grundsätzlich parlamentarisches Regierungssystem hinzu, das den Kohabitationsfall bei politischer Divergenz von Regierung(skoalition) und Staatsoberhaupt – wie unter Hindenburg – normativ zu lückenhaft lässt.[82] Weiter leidet der justizielle Verfassungsschutz darunter, dass er anders als in der Paulskirchenverfassung von 1849 für die Reichsebene weder ein Organstreitverfahren noch eine prinzipale richterliche Normenkontrolle kennt. Und einer heilenden Einwurzelung der WRV über ihre Grundrechte steht entgegen, dass sie anders als 1849 und 1949 weder unmittelbar geltend noch generell klagbar gestellt werden.[83]

Kommen weniger offensichtliche Schwachpunkte hinzu wie die unterlassene Positivanerkennung der Parteien. Preuß, der dieses Fehlen wegen anwachsender Parteiendiffamierung alsbald bedauern wird, hatte indessen im Plenum noch ebenso knapp wie unmissverständlich betont: „Parlamentarismus ist Parteienherrschaft."[84] Wenn es in Übereinstimmung damit

---

79 Dazu nur *Christoph Gusy* (Fn. 4), S. VIII, übernommen in der Weimarer Rede des Bundespräs. v. 6.2.2019 lt. Pressemitteilung seines Amtes v. gl. Tag, S. 5.

80 So *Eduard David*, in: VRT (Fn. 1) 329, S. 2194 (71. Sitz., 31.7.1919); er war Hugo Preuß (DDP) nach dessen Rücktritt wegen Versailles im Ministeramt gefolgt, wobei Letzterer aber für die Verfassungsberatung auf Wunsch Eberts kommissarisch weiter amtierte.

81 Dazu näher *Kühne* (Fn. 13), S. 258 f.

82 Näher *Kühne* (Fn. 13), S. 289 ff. u. die wesentlich intensivere Behandlung in den gleichzeitigen § 36 ff. der Finn. Verf. v. 19.7.1919, abgedr. bei *Rafael Erich*, in: Jb. des öffentl. Rechts 12 (1923/24), S. 207 (210).

83 Zum Scheitern entspr. Bemühungen in der Verfassungsberatung bei Grundrechten u. Normenkontrolle s. *Kühne* (Fn. 13), S. 71 ff. u. 74 ff.

84 So *Preuß*, in: VRT (Fn. 1) 328, S. 2101 (70. Sitz., 30.7.1919); zu seinem Bedauern *Kühne* (Fn. 13), S. 244 f.

später bei Rechtslehrern wie Radbruch, Thoma und Kelsen mit bleibender Wirkung bis heute heißt: „Die Demokratie ist notwendig und unvermeidlich ein Parteienstaat“[85], so ist dies jedenfalls damals noch kein Gemeingut. Vielmehr setzen auf der politischen Rechten angesehene Gelehrte wie Triepel und C. Schmitt dagegen, und zwar neoromantisierend und antipluralisierend zugunsten anderer aus dem Volk aufsteigender Einheiten bis hin zu Vorstellungen ständestaatlicher Prägung.[86]

Noch schweigsamer zeigte sich die WRV schließlich hinsichtlich der Durchsetzung der Parlamentsdemokratie in Verwaltung und Rechtsprechung. In Weimar hatte man sich über solche Weiterungen trotz früher Anmahnungen aus dem rätedemokratischen Bereich kaum Gedanken gemacht. In der Nationalversammlung obwaltet vielmehr wie bis 1918 die Vorstellung einer regierungs- und mehrheitsloyalen Beamten- und Richterschaft. Dies obwohl schon früh damals sog. Geheimratswiderstand bemerkt wird.[87] Unter Ablehnung des am. Beutesystems bei der Stellenbesetzung wird aber die Politisierung hoher Beamtenstellen anerkannt. Darüber hinaus kommt es von liberaler wie sozialdemokratischer Seite aber auch zu Mahnungen, dass passiver Widerstand gegen den Gesetzgeber verhängnisvoll werden könne und eine Demokratisierung des Beamtentums von unten nach oben durchzuführen sei.[88] Indessen belässt man es ohne klare Vorentscheidung bei gewisser Entwicklungsoffenheit.

Wie pragmatisch wirkungsvoll diese genutzt werden konnte, zeigen leuchtende Beispiele auf der Länderebene. So unter dem liberalen Min.-Präs. Tantzen in Oldenburg, der beim Kapp-Putsch 1920 mit Erfolg gegen damit sympathisierende Militärs vorgeht. Und genannt sei weiter Hessen-Darmstadt, wo unter der Ägide des SPD-Innenministers und späteren Widerstandskämpfers Leuschner ebenfalls mittels verfassungstreuer Vollzugs-

---

85 So *Hans Kelsen*, Vom Wesen u. Wert der Demokratie (2. Aufl. 1929), S. 20; zu Radbruch u. Thoma s. *Kühne* (Fn. 13), S. 246.

86 Gegen Triepel bereits krit. herausragend *Kelsen* (Fn. 85), S. 21 f. mit Fn. 17–19 (S. 107–112).

87 Näherer Nws. *Kühne* (Fn. 13), S. 254.

88 So der lib. Abg. *Bruno Ablaß* (DDP), in: VRT 336, S. 355 (31. Sitz., 27.5.) u. im Plenum der Abg. *Simon Katzenstein* (SPD), VRT 328, S. 2076 (69. Sitz., 29.7.1919); beide Abgeordneten gehörten dem VerfA an. Dort. Belege zur Politisierung oberer Beamtenstellen bei *Kühne* (Fn. 13), S. 253. Zur damals allgemeinen Ablehnung des am. Beutesystems insbes. Max Weber u. Ebert, s. *Walter Mühlhausen*, Friedr. Ebert (2006), S. 193.

polizei konsequent gegen dortige NS-Rechtsbrüche eingeschritten werden wird.[89]

Hinsichtlich der Dritten Gewalt ist zu sagen, dass auch entschiedene Befürworter der WRV zu lange den unpolitischen Richter propagieren.[90] Der vielversprechende Ansatz, wonach beim Reichsstaatsgerichtshof zunächst das Parlament die Mehrheit der Richter wählt, wird bereits 1921 zugunsten berufsrichterlicher Dominanz und exekutiver Ernennung aufgegeben.[91] Und zur Auswahl der Berufsrichter ist bekannt, dass am Reichsgericht noch zehn Jahre nach Verfassungsinkrafttreten lediglich ein Richter SPD-Mitglied war, ohne dass es in der Weimarer Zeit je zu einer Grundsatzdiskussion über die Transformation zu einer verfassungstreuen Dritten Gewalt gekommen wäre.[92] Sehr ähnlich in Preußen, wo 1922 die Richter zu drei Viertel und in gehobenen und Präsidentenstellen sogar zu neun Zehntel Parteirichtungen angehören, die die WRV ablehnen[93] – mit den eklatanten Folgen einer auf dem rechten Auge blinden Strafgerichtsbarkeit.[94] Weiß man darum, sei nochmals ins hiesige Potsdam zurückgekehrt, das sich ab 1924 unter Führung verfassungsgegnerischer Kräfte gegen die Anordnung der preuß. Staatsregierung wehrt, seine städtischen Gebäude

---

89 Zu beiden weitere Nws. bei *Kühne* (Fn. 13), S. 256.

90 So prototypisch der zeitweise Vors. des Reichsstaatsgerichtshofs Walter Simons, dazu *Horst Gründer*, Walter Simons als Staatsmann, Jurist u. Kirchenpolitiker (1975), S. 226.

91 Vgl. Art. 172 WRV u. das ihn später ablösende Gesetz über den Staatsgerichtshof v. 9.7.1921 (RGBl. 905) u. bei *Huber*, Dok. IV (Fn. 8), Nr. 192 (189). Die berufsrichterl. Dominanz galt jedenfalls für die hauptsächlichen Klagearten.

92 Zu frühen Ansätzen bei Arthur Feiler s. Anh., bei Ernst Troeltsch u. Leo Wittmayer näher *Kühne* (Fn. 13), S. 256 f. Da die WRV von der Auflösung aller Beamtenverhältnisse absah (Art. 129), waren sog. Abwicklungen wie ab 1990 ausgeschlossen. Mithin blieb nur die langsame Republikanisierung über entspr. Ernennungen bzw. Beförderungen, was abgesehen von Mängeln eines entspr. Personalangebots – übrigens nicht anders als in heutigen sog. Transformationsstaaten – frei werdende Stellen voraussetzte. Diese waren, da die Variante freiwilligen Amtsverzichts mit Ruhegehalt damals bedeutungslos war und auch eine namhafte Verstärkung des Laienrichterelements unterblieb, i. Wes. durch altersbedingtes Ausscheiden und bei politischen Beamten durch Versetzung in den Wartestand erreichbar.

93 *Joh. Heinr. Lüth/Uwe Wesel*, Arnold Freymuth, Herm. Großmann, Alfred Orgler. Drei Richter für die Republik, in: Krit. Justiz (Hrsg.), Streitbare Juristen (1988), S. 204 ff., S. 206 zum Reichsgericht u. zu Preußen, sowie ebd., S. 204, wonach am Kammergericht 1924 zwei Drittel der Richter gegen die Ernennung dreier republikanischer Richter protestierte.

94 Zum Versagen der Strafgerichtsbarkeit nach wie vor grundlegend *Emil Jul. Gumbel*, Vier Jahre politischer Mord (1922, ND 1980).

am Verfassungstag mit den Reichsfarben zu beflaggen. Dabei war die Anordnung im Wege einer Notverordnung ein Minus gegenüber der Festlegung eines offiziellen Reichsverfassungstags, der gesamtstaatlich nie zustande kam. Indessen wurde selbst dieses Minus sowohl vom preuß. OVG wie vom Reichsstaatsgerichtshof noch 1928 als Eingriff in die kommunale Selbstverwaltung beanstandet und aufgehoben, obwohl sich die Anordnung zumindest teilweise hätte aufrechterhalten lassen.[95]

Sehr verfassungsrelevant hieß es schon Anfang 1920 von einem der führenden Redakteure der liberalen Frankfurter Zeitung[96]: Deutschlands Zukunft hänge jetzt davon ab, ob wir nun auch alle Schichten unseres Volkes mit dem republikanischen und demokratischen Geist erfüllen würden, der allein die neuen Institutionen zu tragen vermöge. Und weiter: „Wir müssen die Demokratie und die Republik in unseren Willen aufnehmen, müssen Demokraten und Republikaner sein – oder wir werden nicht sein." Das – wenige Wochen vor dem Kapp-Putsch geschrieben – war ebenso hell- wie weitsichtig und mahnt gerade in unseren Tagen wieder mit bemerkenswerter Aktualität.

---

95 Eingehend *Eckart Klein*, Der Potsdamer Flaggenstreit in der Weimarer Republik, in: Staatsrecht und Politik, FS Roman Herzog, hrsg. von M. Herdegen, H. H. Klein u. a. (2009), S. 191 ff.; zur Möglichkeit teilweiser Haltbarkeit der staatlichen Beflaggungsanordnung näher *Kühne* (Fn. 13), S. 58.

96 So mit vorangestelltem Kürzel AF (= Arthur Feiler) der Leitartikel „Republikaner!", in: Frankfurter Zeitung v. 1.1.1920 (Nr. 1), S. 1. Weiter s. nachst. Fn.

Anhang: Ein hellsichtiger Mahnruf zu Neujahr 1920[97]

Republikaner!

A[rthur] **F**[eiler]. Bei dem ersten Chirurgen einer deutschen Universität erschien kürzlich ein Student, Kriegsleutnant, E. K. I, den rechten Arm zerschossen, um den Professor zu konsultieren und ihn schließlich unter Tränen zu beschwören: ob es denn wirklich ganz unmöglich sei, den durch die Verwundung steif gewordenen Arm durch eine neue, schon ein paar Mal vergeblich versuchte Operation wieder gelenkig zu machen? Er, der berühmte Chirurg, sei seine letzte Hoffnung. Denn sein Corps verweigere ihm das *Burschenband*, wenn er nicht auf dem Fechtboden den Nachweis persönlichen Mutes erbringe, und mit dem steifen Arm könne er keine Mensuren schlagen! So flehte er weinend. Nach fünf Kriegsjahren, nach dem Zusammenbruch Deutschlands, nach allem, was er selbst im Felde geleistet, erlitten und getragen hatte, kam ihm so wenig wie seinen Corpsbrüdern der Gedanke, daß eine neue, ernsthaftere Zeit angebrochen sei und daß nicht Schmisse auf der Backe und bunte Bänder über der Weste dem Mann seine Ehre geben, sondern allein der Wert, den er in sich selbst trägt und den nur er selbst, niemand sonst ihm bestätigen oder verweigern kann.

Ein Einzelfall, selbstverständlich, aber doch nicht ohne Parallele. Nämlich: Auf einen der höchsten preußischen Verwaltungsposten hatte die Revolution einen früheren Arbeiter und Gewerkschaftsmann gehoben, der nach einigem Aufräumen dort recht tüchtig amtete. Bei dem ließ sich eines schönen Tages sein erster Geheimrat melden: ob er ihm namens der ganzen Beamtenschaft eine Bitte vortragen dürfe? Sie arbeiteten doch nun schon eine geraume Zeit so gut mit ihm zusammen, und es sei alles schön

97 Zur Fundstelle s. vorst. Fn. Der Autor (1879-1942) war Nationalökonom. u. zunächst im Handelsteil und ab 1910 in der innenpolit. Redaktion seiner Zeitung tätig; 1918 im Hauptvorstand, dann im Parteiausschuß der DDP (fehlt bei *Lothar Albertin/Konstanze Wegner*, Linksliberalismus in der Weimarer Republik, 1980, S. 773, anders aber S. 5, 231 f.). Zugleich Mitglied: Reichswirtschaftsrat (ab 1920), Sozialisierungskommission (1921) u. ab 1923 Beisitzer am Reichskartellgericht; später Hochschulkarriere in Frankfurt und Königsberg, Emigration 1933. Sperrdruck des Originals vorl. kursiv; der dortige durch lediglich vier Absätze gegliederte Text ist zwecks besserer Übersichtlichkeit etwas aufgelockerter wiedergegeben. Nachst. Fn. ergänzt.

und richtig – ob er nun nicht doch seine Weigerung aufgeben und gestatten wolle, daß man ihn *Exzellenz* tituliere? Denn sie alle seien so daran gewöhnt, daß ihr Chef eine Exzellenz sei, und das bringe doch auch gleich einen ganz anderen Zug in den ganzen Betrieb!

So ragt in die neue Zeit die alte hinein, die nicht den Menschen, sondern sein Band, seinen Rock, seinen Titel abschätzt und einschätzt. Und dieses Alte ist nach wie vor mächtig in großen Schichten. Diese noch immer den alten Obrigkeitsbegriffen Ergebenen finden z. B. gar nichts dabei, wenn alle die Männer des alten Regimes, das uns ins Elend gestürzt hat, Generäle und Staatsmänner, einer nach dem andern, jetzt ihre einseitig darstellenden, mit einseitiger Auswahl zu Gunsten des Schreibers enthüllenden Denkwürdigkeiten veröffentlichen, deren durch die Sensation vervielfachter Verkauf im In- und Auslande den Verfassern vielleicht die Kriegsdotationen ersetzt, die früher nach glücklich beendetem Kriege gefügige Volksvertretungen den Führern votierten. An diesen kostspieligen Enthüllungsbüchern nimmt niemand Anstoß. Aber dieselben Leute, die diese indiskreten Bücher begeistert kaufen und verschlingen, kochen über vor Entrüstung, wenn die deutsche Nationalversammlung, die Vertretung des deutschen Volkes, einen Untersuchungsausschuß einsetzt, der noch gar nicht einmal richten, sondern nur erst ermitteln soll, und der den Verfassern jener Bücher nun einfach die Frage vorlegt: „Sagt mal, war denn das wirklich so und nur so, wie ihr schreibt, und wie reimt sich das zu dem und dem?“ Daß das Volk endlich einmal wissen will, warum es so unsäglich leiden mußte und so unsäglich weiter leiden soll, das ist diesen großen Schichten auch heute noch ein Frevel, man weiß nur nicht recht woran. Aber als ein paar Wochen zuvor ein geschäftstüchtiger Verleger, der mit Stiefelwichse ebensogut wie mit öffentlicher Meinung handeln könnte, durch ein indiskret aufgenommenes und sensationell verfälschtes Badebild den Präsidenten der deutschen Republik der ganzen Welt im Adamskostüm präsentierte,[98] da waren sie gar nicht entrüstet, sondern sie schüttelten sich vor Lachen, und die reaktionäre Demagogie durfte das Bild in Millionen von Agitations-Abzügen ungestört verbreiten.

Man sollte dazu die Geschichte nachlesen, die Gottfried Keller in den Züricher Novellen von dem Ritter Rüdiger aus dem Geschlecht Manesse und von dem Bürgermeister Rudolf Brun aus der Zeit erzählt, als „in den Dreißigerjahren des vierzehnten Säkulums auch in Zürich der Patrizierstaat der Autochthonen sich in den freien Bürgerstaat, nach damaligen Be-

98 Titelbild: Ebert und Noske in der Sommerfrische, in: Berliner Illustrirte Zeitung v. 24.8.1919 (Nr. 34), S. 1.

griffen, umgewandelt hatte.“ Brun, der „Haupturheber der neuen Zustände, der kluge, listige und energische Führer des Volkes, der alle Ehre und Macht in dessen Namen an sich gezogen hat und ausübt“, zieht zum Kampfe gegen die Zürich bedrohende habsburgische Kriegsmacht. Aber auf dem Schlachtfelde verläßt ihn jählings der Mut, er flieht, verbirgt sich, und seine Schar wäre vernichtet worden, wenn nicht Rüdiger Manesse hervorgetreten wäre, die Flucht des Bürgermeisters als selbstverständlich hinstellend und seine Leute tapfer zum Siege führend. Dann kehrt man zurück. Und als nun auch der Bürgermeister Brun „feierlich mit dem Stadtbanner aus seinem Schlupfwinkel als vorsorglicher Vater heimgeholt wird, reitet Manesse, ohne ein Gesicht zu verziehen, neben dem Stolzen einher und amtet still und verschwiegen unter ihm weiter – denn er hat erwogen, *daß es gut ist, wenn ein Gründer der Freiheit bei Ehren bleibt, wenigstens so lange er sonst tauglich ist*“. So erzählt der Dichter, dem die Demokratie nicht eine Parteiparole, sondern selbstverständliche, alles durchdringende Lebenslust ist. Und wir könnten manches von ihm lernen. Denn ob auch Friedrich Ebert vielleicht nicht gerade ein Gründer der Freiheit ist: er ist heute der von der deutschen Volksvertretung gewählte erste Repräsentant unserer staatlichen und volklichen Gemeinschaft, und wir beschimpfen und verhöhnen uns selbst, wenn wir ihn nicht in Ehren halten, „wenigstens so lang er sonst tauglich ist“. Männer wie diesen Rüdiger Manesse aber wünschen wir uns in die Umgebung des Reichswehrministers Noske – und nicht bloß deshalb, weil er als Retter der Vaterstadt zu schweigen versteht, während bei uns sogar die Verderber des Landes unentwegt das große Wort führen zu dürfen glauben!

Warum wir, den Ereignissen des vergangenen Jahres nachdenkend, gerade von diesen scheinbar kleinen Zügen sprechen? Wahrhaftig nicht aus Freude am Unerfreulichen. Sondern deshalb: weil *Deutschlands Zukunft jetzt davon abhängt*, ob wir zu der Republik, die wir errichtet, zu der Demokratie, die wir in Paragraphen gefaßt haben, nun auch alle Schichten unseres Volkes mit dem *republikanischen* und *demokratischen Geiste* erfüllen werden, der allein die neuen Institutionen zu tragen vermag. Deutschland kann nur weiterleben als Demokratie; nach außen, weil jeder Rückfall in das alte System den Chauvinisten der Ententeländer Grund oder Vorwand zu neuen Attentaten gegen uns gäbe; und nach innen, weil jeder Abfall von der Demokratie den Bürgerkrieg und die Zerreißung des Reiches bedeutete. Aber es genügt nicht, die Demokratie zu haben, sie muß lebendig in uns sein. Und das heißt mit einem Worte: daß wir *uns ernst nehmen müssen*, uns selbst und die Dinge des Staates, die Dinge der Politik. Dies und nichts anderes ist Geist der Demokratie, ist Geist der Republik: Einmal, daß man sich selber respektiere, daß man seine Ehre verbunden fühle mit den Rechten, die die Demokratie verleiht, daß man deshalb auch von sich und anderen Respekt fordere für die Institutionen der Demokratie und ihre Symbole. Und zum zweiten, daß man die Pflichten der Demokratie noch viel stärker fühle als ihre Rechte, nicht zum wenigsten auch die Pflicht zum Nachdenken und zum Mitdenken, zur Wahrheit und zur höchsten Leistung für das Ganze, die gewaltige Last der Verantwortung, die in der Gleichberechtigung aller jeder einzelne zu seinem Teile mit zu tragen hat. Ein solcher höchster Ernst müßte die Selbstsucht alter Privilegien ebenso zurückdrängen wie den Pfründenhunger mittelmäßiger Parteifreunde; er müßte in gleicher Weise einen Damm aufrichten gegen die demagogische Verhetzung der Reaktion wie gegen den unmöglich zu verwirklichenden Chiliasmus der Extremen von links; er müßte aus der allen gemeinsamen, furchtbaren Not das erwärmende Bewußtsein der Gemeinsamkeit, die Hingabe und die Bereitschaft zum Opfer entstehen lassen. Gelingt das nicht, dann ist nicht zu sehen, wie wir leben sollen.

Denn das abgelaufene Jahr war das Jahr des *Friedensschlusses von Versailles*, das Jahr des *wirtschaftlichen Zusammenbruchs*, das Jahr der *fertiggestellten Verfassung* – die kommende Zeit wird die Vollendung von alledem bringen, und ein wahrhaft übermenschliches Maß von Sorge nehmen wir an diesem Neujahrstage mit hinüber.

Der Friedensschluß! Wir mußten ihn unterzeichnen, weil die fürchterliche Verblendung der militärischen Führung den Krieg bis zum Augenblick der völligen Katastrophe weitergetrieben hatte. Nun ist er so, daß wir ihn unmöglich werden erfüllen können. Seine Revision wird einmal kommen. Aber bis dahin werden wir leiden, werden vor allem leiden im kommenden Jahre, wenn dieser Gewaltfriede endlich einmal in Kraft tritt und wenn dann Wirklichkeit wird, was jetzt nur in den Paragraphen steht: die neue Losreißung deutschen Landes und deutscher Menschen, die finanzielle Bedrückung, die Auslieferungsklauseln und all die anderen Demütigungen, die rachewütige Gegner uns auferlegten, weil sie noch nicht begriffen haben, daß dieser Krieg eine gesamteuropäische Katastrophe war, die den Sieger niederwirft wie den Besiegten und aus der nur ein Zusammenstehen in gegenseitiger Hilfe eine Rettung bringen kann. Auch diese Einsicht wird ja kommen. Und die Frage für uns ist heute nur, ob sie früh genug kommen wird, um uns vor dem äußersten Elend zu bewahren, das wir jetzt schon in Deutsch-Österreich schauerlich sich vollziehen sehen.

Wohl hat sich in unserer Wirtschaft im Laufe dieses Jahres vieles gebessert aus eigener Kraft. Dem militärisch-politischen Zusammenbruch war ein physischer und psychischer des Volkes gefolgt, und das konnte ja gar nicht anders sein nach der unerhörten Überanspannung der Kräfte während des Krieges, nach der grauenvollen Enttäuschung aller durch eine verlogene Propaganda immer wieder aufgepeitschten Hoffnungen. Das ist jetzt in einem entscheidenden Teile überwunden. Arbeitsfähigkeit und Arbeitswille sind in erfreulichem Grade zurückgekehrt; Deutschland arbeitet wieder, wenn auch noch nicht so wie vor und im Kriege, doch tüchtig im Rahmen des Möglichen. Aber dieser Rahmen ist eng gespannt: durch die noch immer nicht überwundene Zerrüttung unseres Verkehrswesens infolge des Krieges, durch den Mangel an Kohle, durch den Mangel an Rohstoffen, durch die würgenden Lasten des Waffenstillstands, der uns mit der Verfügung über unsere Grenzen in West und Ost die Möglichkeit einer zielklaren Wirtschaftspolitik verhängnisvoll unterband, nicht zuletzt auch durch ein trauriges moralisches Defizit, das der Korruption weite Türen öffnete und das vor allem mit einer jammervollen Steuerflucht des Besitzes und wichtigster Hilfsmittel zur Wiedererstarkung freventlich beraubte. So erarbeiten wir noch immer wie während des Krieges weniger als wir verbrauchen, wir *zehren noch immer von dem Kapital* unseres ständig kleiner werdenden Volksvermögens. Die fürchterliche Entwertung unserer Valuta ist der äußere Ausdruck, der sich fortsetzende Generalausverkauf Deutschlands die Folge dieser Tatsache. Daß es anderen (Polen und dem ganzen Osten, aber auch Frankreich und Italien) höchstens dem Grade nach besser geht als uns, das ist für uns kein Trost, sondern nur eine Mehrung unserer Not: daß ganz Europa auf's fürchterlichste bedroht ist, daß wir jetzt vor einem Niederbruche des Weltkredits stehen, nachdem der Krieg schon einen Niederbruch der Welterzeugung und der Weltversorgung bedeutet hatte, das eben zeigt nur die Größe des Elends und die ungeheure Schwierigkeit der Hilfe. Und doch müssen wir nahezu mit Gewißheit damit rechnen, daß wir ohne solche Hilfe von außen, und zwar eine Hilfe größten Stils, nicht über das nächste Jahr hinwegkommen werden: wenn, wie zu befürchten ist, unsere Nahrungsmittel nicht ausreichen bis zur neuen Ernte, und wenn wir dann nicht mehr über Gegenwerte verfügen, durch deren Verschleuderung an das Ausland wir den Fehlbetrag zu kaufen vermöchten. Rechnen wir dazu nur noch die riesenhaften sozialen und wirtschaftlichen Probleme einer neuen Preisrevolution, die infolge des Valutasturzes jetzt in der Form einer Annäherung der Inlands- an die Weltmarktpreise immer mehr in den Bereich des Möglichen rückt, so ergibt sich, daß das kommende Jahr von noch schwereren wirtschaftlichen Gefahren bedroht ist als das vergangene, daß wir vor der eigentlichen Krisis erst stehen. Wirtschaftlich – und damit auch politisch? Das eben ist die Frage.

Vergleicht man unsere *innerpolitische Lage* jetzt und vor einem Jahre, so bietet sich, von außen her gesehen, das Bild einer kräftigen Konsolidierung. Die Revolution scheint in die Evolution übergeleitet. Ueber die Linksextremen hat Noske blutig gesiegt, im Januar in Berlin, als die Kommunisten mit einem raschen Putsch die Macht an sich zu reißen versuchten, und wiederum im März, als zum letzten Male in Berlin der Straßenkampf aufflammte, dann ein paar Wochen später auch in Bayern über den Versuch der Räterepublik. Entsetzliche Bluttaten auf beiden Seiten haben uns das ganze Grauen des Bürgerkriegs kennen gelehrt. Dann wurde es still. Auch die politischen Streiks, die in der ersten Jahreshälfte immer von neuem alles in Zweifel gestellt hatten, flauten ab. Und die im Januar gewählte Nationalversammlung konnte ihr Werk tun. Mehrheitssozialisten und Unabhängige, im ersten Überschwang der Revolution schnell zur Übernahme der Macht vereint, hatten sich schon nach der Ermordung Liebknechts und Rosa Luxemburgs in bitterer Fehde getrennt. Aber die Nationalversammlung wies eine starke demokratische Mehrheit aus Sozialdemokraten, Demokraten und Zentrum auf, und diese Parteigruppierung hat nun das neue Deutschland gestaltet; auch als der Streit um Annahme oder Ablehnung des Friedens das Ministerium Scheidemann zerbrach und die Demokraten zu vorübergehendem Austritt aus dem Kabinett veranlaßte, blieb ja die Mehrheit innerlich zusammen. So wurde am 31. Juli die neue Verfassung des Reiches fertiggestellt, über der stolz und stark der Vorspruch steht: „Das deutsche Volk, einig in seinen Stämmen und von dem Willen beseelt, sein Reich in Freiheit und Gerechtigkeit zu erneuern und zu festigen, dem inneren und dem äußeren Frieden zu dienen und den gesellschaftlichen Fortschritt zu fördern, hat sich diese Verfassung gegeben." Aber das Werk ist trotzdem erst angefangen, nicht vollendet. Von den Maßnahmen zur Verwirklichung der wirtschaftlichen Demokratie, die ebenso wichtig ist wie die politische, sind bisher nur die Steuern fertiggestellt oder unmittelbar vor der Erledigung, diese allerdings in einem wahrhaft gigantischen Umfange, zu dem die Not der Reichsfinanzen und die verhängnisvollen Versäumnisse der Kriegszeit jetzt zwangen; anderes, wie Landsiedelung, Kohlen- und Elektrizitätssozialisierung, Räteorganisation usw. steckt noch im Beratungsstadium oder ist in seiner Bedeutung erst durch die Art der Ausführung richtig abzuschätzen. Die Hauptsache aber: die Verfassung selbst, die ganze neue Ordnung überhaupt, muß erst im Denken und Fühlen des Volkes fest begründet werden, wenn sie leben soll. Und diese Aufgabe ist noch zu leisten.

Die große Frage aber ist, ob das deutsche Volk sie leisten will! Das ist, man täusche sich nicht, heute die *Schicksalsfrage*, wie für Deutschland, so ganz speziell für die *deutschen bürgerlichen Schichten*. Denn daß jetzt die alten konservativen Gruppen mit der ganzen Wut der aus altererbter Vorherrschaft Verjagten gegen die neue Demokratie Sturm laufen, viel wilder und heute jedenfalls viel ernsthafter als die Linksextremen, deren ganze Hoffnung für den Augenblick ja in der wirtschaftlichen Not und in der davon erwarteten neuen Radikalisierung der Massen ruht – das ist an sich nicht ausschlaggebend. Entscheidend ist nur das andere: ob es der reaktionären Demagogie, die wie stets mit vollendeter Skrupellosigkeit arbeitet, auch diesmal gelingen wird, die großen Kreise des Bürgertums in ihre Gefolgschaft zu bringen. Diese Schichten, die wirtschaftlich Selbständigen in Industrie, Handel und Handwerk, die Kreise der höheren Bildung usw., sind bisher im stärksten Gegensatz zum Landbesitz und zur Arbeiterschaft Hintersassen der Politik gewesen. Sie kümmerten sich nicht um die Politik. Sie begnügten sich mit dem landesüblichen Maß von landesüblichem Patriotismus, von landesüblichem Liberalismus und von landesüblicher Loyalität; im übrigen war der Staat nicht Gegenstand ihres Nachdenkens, das allein ihrem Geschäft, ihrer Arbeit, ihren Studien zugewandt war. Das schien in der letzten Zeit des Krieges, in der ersten Zeit der Revolution anders zu werden. Aber die rückläufige Bewegung ist schon da: die Reaktion verspricht ihnen Ruhe, Ordnung, Besitzsicherung, und sie werden deutsch-national, weil ihnen an den Übeln der Gegenwart, deren Wurzeln sie nicht nachforschen, vieles, allzu vieles mißfällt.

Ihnen ist zu sagen: daß sie ihre Ruhe und ihre Renten auf diesem Wege *nicht* bewahren, daß sie nur *sich und das Land auf diesem Wege vollends zu Grunde richten* würden. Es gibt in Deutschland ohne einen Bürgerkrieg, der für uns die absolute politische und wirtschaftliche Vernichtung bedeuten würde, nie wieder wie früher eine Politik reaktionärer Vorherrschaft mit duldender Gefolgschaft der Bourgeoisie. Es gibt nur noch eines, wenn wir am Leben bleiben wollen: das Zusammengehen der geistigen und wirtschaftlichen Intelligenz mit den großen Massen des Volkes. Die Klassenspaltung, die wahrlich nicht der kleinste Teil unseres Unglücks war, wird in der allgemeinen Not weitgehend verschwinden, und das ist gut. Was dann noch nottut, ist, daß Wissen und Arbeit sich zusammenfinden in dem gemeinsamen Willen zur Rettung und zum Wiederaufbau. Das Proletariat allein kann, wir sehen es in Rußland, heute Staat und Wirtschaft nicht verwalten – es könnte das heute auch in Deutschland nicht, am allerwenigsten bei der geistigen Armut des deutschen Sozialismus beider Richtungen, der sein Arsenal an Ideen und an Menschen leer fand in dem Augenblick, wo er es öffnen sollte, um seine Ziele zu verwirklichen! Die Mehrheitsbildung in der Nationalversammlung zeigt den Weg, den wir gehen müssen, das Bündnis der ganzen deutschen Demokratie. Alle Parteien sind heute bröckelig, alle haben sehr verschiedenartige Bestandteile in sich, alle tasten sich heute mühsam durch Gestrüpp und Wirrnis weiter. Worauf es ankommt, ist, daß man den Weg nicht verbaue. Und daß man das Ziel kenne, das alle vereinen muß: die Demokratie, die Verwirklichung sozialen Rechts – und die Rettung unseres unglücklichen Volkes!

Aber dazu gehört, daß wir ernst werden, wie die Zeit es ist, und daß wir uns endlich selbst ernst nehmen, uns und die Dinge des Staates, die Dinge der Politik. Wir müssen die Demokratie und die Republik in unseren Willen aufnehmen, müssen *Demokraten und Republikaner sein* – oder wir werden *nicht* sein. Schwerstem gehen wir entgegen auch im neuen Jahre. Aber das deutsche Volk muß und soll leben. Und dann wird es, so hoffen wir, doch noch einmal das Wort verwirklichen, das vor dreiviertel Jahrhunderten Heinrich Heine, der Sänger seiner Not und seines Freiheitswillens, ihm zurief: „Pflanzt die schwarz-rot-goldene Fahne auf die Höhe des deutschen Gedankens, macht sie zur Standarte des freien Menschentums!“

Zeitfracht Medien GmbH
Ferdinand-Jühlke-Straße 7
99095 Erfurt, Deutschland
produktsicherheit@kolibri360.de